DISCOURS
PRONONCEZ
DANS L'ACADÉMIE
FRANÇOISE,
Le Lundi 4. Février MDCCXLIII.

A LA RÉCEPTION
DE M. LE DUC DE NIVERNOIS,
ET
DE M. DE MARIVAUX.

A PARIS,
DE L'IMPRIMERIE DE JEAN-BAPTISTE COIGNARD,
IMPRIMEUR DU ROI, ET DE L'ACADÉMIE FRANÇOISE.

MDCCXLIII.

M. LE DUC DE NIVERNOIS, *ayant été élû par Messieurs de l'Académie Françoise à la place de feu* M. L'EVESQUE DE CLERMONT, *y vint prendre séance le Lundi* 4. *Février* 1743. *& prononça le Discours qui suit.*

Messieurs,

SOUFFREZ que je suspende l'hommage de ma reconnoissance, pour m'acquitter à vos yeux d'un devoir, qui n'est pas moins indispensable ; en exprimant comme Citoyen, une douleur que je partage avec ma Patrie.

Le Roi a perdu son ami. Ici l'éloge du Ministre & celui du Souverain se confondent nécessairement : les Vertus de l'Elève font la gloire de celui qui l'a formé ; & les regrets que nous devons à l'un, ne sauroient se séparer de l'amour que l'autre nous inspire.

Ce n'est pas l'effort d'une Vertu commune chez

A ij

les Rois, que d'enchaîner l'impatience si naturelle aux jeunes Princes, de marcher sans guide dans le sentier de la gloire. Notre vertueux Monarque a sû captiver cette ardeur ; il l'a fait céder à des sentimens que peu de Souverains connoissent : & n'écoutant que la reconnoissance, plus il se sentoit maître dans l'art de régner, plus il a cru devoir approcher du Trône, le Sage qui lui avoit appris à le remplir dignement. Ainsi M. le Cardinal de Fleury avoit assûré sa propre élévation en préparant le bonheur de la France ; & tandis qu'il cultivoit dans l'ame du Roi la semence de toutes les Vertus, il se frayoit, sans y penser, le chemin des Honneurs, qui furent la récompense de ses services.

Mais, c'est à celui que vous choisirez pour le remplacer dans vos Assemblées, qu'il appartient de célébrer la mémoire de ce grand Homme : je n'ai droit que de la révérer : & je me hâte de vous marquer combien je suis flatté de l'honneur d'être assis parmi Vous.

Vos bontez pour moi n'ont point été retardées par mon absence, qui ne me permettoit pas de solliciter vos suffrages : &, en effet, mon éloignement pouvoit-il faire obstacle à vos bienfaits ; puisque j'étois où je devois être ? Vous connoissez mieux que personne le prix de la pratique des devoirs, sans laquelle toutes les Vertus sont déplacées. Heureux ceux en qui elle fait briller les talens que chaque état semble éxiger ! Ce rare mélange des qualitez du cœur & de celles de l'esprit, peut seul rendre vraiment dignes de Vous, ceux que vous daignez adopter. Tel fut M. l'Evêque de Clermont, également fait pour joüir de votre eſtime & pour mériter vos regrets.

Qui mieux que lui, connut, remplit, honora, s'il eſt permis de le dire, ſes engagemens ? Né avec cette droiture de cœur, avec cette juſteſſe d'eſprit, qui font aimer & ſaiſir la vérité, il ſe dévoua par ſon état à l'enſeigner. Avec quel ſuccès ne s'acquitta-t'il pas de cet auguſte miniſtère ? La douce perſuaſion couloit de ſes lèvres : s'il n'entraînoit pas les eſprits, il captivoit les cœurs ; s'il ne commandoit pas en maître, il s'inſinuoit en ami : & l'on pourroit dire de lui, qu'il fut le plus ſéduiſant des Hommes, s'il n'avoit pas employé ſa voix à diſſiper les preſtiges de la ſéduction. Habile à démêler toutes les nuances du vice, il le combattoit en le démaſquant : mais en même-temps qu'il peignoit les paſſions avec ce coloris vrai, qui en montre la difformité ; il ſavoit par un contraſte utile leur oppoſer le tableau touchant d'une Morale, qu'il avoit l'art de rendre intéreſſante, pour ceux même dont elle attaquoit les penchans. Un talent ſi rare l'éleva à une Dignité éminente, dont il ſoutint l'éclat par ſes Vertus : & bien-tôt le même talent, enviſagé ſous un autre point de vûe, lui obtint une place dans cette Illuſtre Compagnie. En y apportant le caractère d'Eloquence qui lui étoit propre, il remplit parfaitement, MESSIEURS, l'eſprit de votre Etabliſſement, qui vous oblige, pour ainſi dire, à multiplier ſans relâche vos richeſſes dans tous les genres.

Telle eſt, en effet, la deſtination de l'Académie: deſtination importante, où l'on reconnoît l'empreinte du génie de votre Fondateur, ce grand Homme dont les pas ne s'écartèrent jamais de la route de l'Immortalité. Père d'une Société d'Hommes qui la diſpenſent & qui en jouiſſent, ſon goût pour les Arts ne la lui aſſûre pas moins, que les miracles de ſa politique. Mais ce qui le conſacre à la vénération de tous les ſiècles, plus encore, s'il eſt poſſible, que ſes propres actions, c'eſt cette gradation prodigieuſe de proſpéritez dont ſes plans ont été ſuivis.

M. le Cardinal de Richelieu avoit ouvert la carrière; LOUIS XIV. la parcourut, & la remplit dans toute ſon étendue. Ce grand Prince en qui brilloient toutes les Vertus, fit ſervir tous les talens à ſa gloire. Ce n'étoit pas aſſez pour lui de diriger les efforts de ſes Armées, de préſider aux déciſions de ſes Conſeils; il crut devoir encore ſes ſoins au progrès des Lettres. Il voulut même s'aſſocier en quelque ſorte aux travaux Littéraires; & ne dédaignant pas le titre qu'un Magiſtrat reſpectable avoit porté avant lui, l'Arbitre de l'Europe s'honora du nom de Protecteur de l'Académie Françoiſe. Ainſi l'amour de la Gloire & celui des Arts, partagèrent les ſoins de ce Monarque toujours heureux, ſi j'oſe le dire; puiſque l'adverſité même ne put le faire ceſſer d'être grand. Il ne lui reſtoit rien à deſirer, que de voir recueillir à ſes Peuples, par la paix qu'il leur préparoit, le fruit des travaux qu'il avoit éxigez d'eux: mais la mort lui ravit ce bonheur. Le Ciel nous l'avoit donné pour nous rendre redoutables ; c'eſt à ſon Succeſſeur qu'il étoit réſervé de nous rendre heureux.

La douceur de ce nouveau règne a comblé nos eſpérances. La ſageſſe préſidant à nos Conſeils, la modération réglant nos entrepriſes, la prudence dirigeant nos démarches, nous ont fait jouir de ce calme que demandoit notre épuiſement, & qui n'a ſouffert pendant un ſi longtemps qu'une interruption auſſi glorieuſe que néceſſaire. La fidélité à une alliance d'autant plus ſacrée, qu'elle eſt plus ancienne, vient de nous remettre les Armes à la main ; & ſi nous ne les avons pas encore poſées, il en faut accuſer uniquement la politique de quelques Puiſſances jalouſes, dont la conduite artificieuſe a fait naître ſous nos pas des obſtacles, néceſſairement imprévûs. C'eſt pour nous une nouvelle ſource de gloire : & nous devons rendre grace aux difficultez ; puiſqu'elles ajoûtent à la réputation de valeur qu'on ne nous refuſera pas, celle de conſtance qu'on auroit peut-être oſé nous diſputer. Nous y joignons un déſintéreſſement vrai, trop rare pour être vraiſemblable : & ſi nous voulons triompher de nos ennemis ; c'eſt pour les forcer à jouir d'une tranquillité, qui ſoit déſormais aſſez bien fondée, pour être durable.

Il me ſied peut-être mal de tourner les yeux vers la Paix. On s'accoutume aiſément à n'enviſager l'amour de la Patrie, que ſous la ſeule forme qui eſt propre à la profeſſion qu'on embraſſe. Mais, ce ſentiment, le plus noble de tous, peut-il s'éxercer dans trop de genres ? Ce grand Homme de nos jours, dont on a fait affez l'éloge, en difant, qu'il étoit né pour commander à des François, M. le Maréchal de Villars, voulut paffer dans l'azyle des Mufes, les momens de loifir, que lui laiffa l'intervalle de fes Triomphes. C'eft fous fes yeux & fous fes ordres, que je fuis entré dans la carrière où il préfidoit. Vous daignez aujourd'hui, Messieurs, m'ouvrir celle où il voulut marcher fur vos traces : ce jour ne me laifferoit rien à defirer, fi le zèle étoit un préfage des talens qui font néceffaires dans l'une & dans l'autre.

M. DE MARIVAUX, *ayant été élû par Messieurs de l'Académie Françoise à la place de feu* M. L'ABBE' DE HOUTTE-VILLE, *y vint prendre séance le Lundi 4. Février 1743. & prononça le Discours qui suit.*

MESSIEURS,

L'INSTANT où j'appris que j'avois l'honneur d'être élû, me parut l'instant le plus cher & le plus intéressant que vous puissiez jamais me procurer. Je me trompois, je ne l'avois pas encore comparé à celui où j'ai la joye de voir tous mes bienfacteurs assemblez, & j'avoue que la nouvelle de mon élection ne m'a pas fait plus de plaisir que j'en ai à vous en marquer ma reconnoissance.

Voici le seul jour où il m'est permis de la rendre éclatante ; le Public n'en sera témoin qu'une fois, ce sont vos usages ; mais mon cœur s'en dédommagera en vous la conservant toûjours.

Je vous l'expose ici, MESSIEURS, sans aucun ornement, & telle qu'elle se présente à moi ; le nouvel Académicien qui m'a précédé, me réduit à la laisser dans toute sa simplicité. Il vient de donner un exemple de toute la délicatesse de sentiment, de

B

tout le goût, de toutes les graces qu'on peut répandre dans un Difcours comme le nôtre, & la feule reffource qui me refte, pour être du moins fouffert après lui, c'eft de céder à la difficulté de l'imiter. J'ai vû fouvent qu'en pareil cas, on pardonne à qui ne prétend à rien, & j'efpere que vous voudrez bien me traiter de même.

Je n'abuferai point, MESSIEURS, du parti que je prends, d'exprimer tout uniment ce que je fens ; ma reconnoiffance fera naïve, & non pas imprudente ; je ne vous la témoignerai pas, en méprifant moi-même les efforts que j'ai faits pour attirer vos regards ; ce feroit là vous remercier mal, & vous compromettre. Je fais la valeur de mes ouvrages, je n'ai pas de peine à penfer qu'ils ne méritoient pas vos fuffrages ; mais vos fuffrages méritent d'être ménagez, & ils ne doivent point fouffrir de la médiocre opinion que j'ai de moi-même.

Non, MESSIEURS, j'écarterai tous ces aveux d'infuffifance dont la fincérité eft toûjours fufpecte, & qui ne rapportent à celui qui les fait de bonne foi, que l'affront de n'en être pas cru. Pour fonder les motifs que j'ai d'être reconnoiffant, je n'ai feulement qu'à dire ce que vous êtes.

Si les hommes ne s'accoutumoient pas à tout ; fi les idées les plus hautes, les plus capables de leur en impofer, ne leur devenoient pas familieres ; avec quel plaifir, avec quelle avidité, & même avec quel étonnement refpectueux ne vous verroient-ils pas ? C'eft leur raifon que j'en attefte ; que pourroit-elle trouver de plus frappant pour elle, de plus digne de son admiration, qu'une Compagnie d'Hommes, qui, malgré l'inégalité du rang, de la naissance, & de la fortune, viennent se dégager ici de toutes les distinctions de l'orgueil humain, les anéantissent, & ne forment plus qu'une Société d'esprits, entre qui toute différence d'état & de condition cesse, comme absolument étrangere à eux; parmi lesquels enfin j'en vois à qui, pour obtenir la place qu'ils occupent, il n'a servi de rien d'être Grands dans l'ordre des Dignitez du monde, & que vous n'avez reçûs, que parce qu'ils étoient Grands dans l'ordre des esprits; dans cet ordre où les Rois même, tout puissants qu'ils sont, ne sauroient élever personne.

Aussi, Messieurs, doit-on vous regarder comme autant d'intelligences chargées de présider à l'esprit de la Nation.

N'est-ce pas d'ici en effet que sont partis tant de rayons de lumiere qui ont éclairé les ténèbres de cet esprit autrefois égaré dans de mauvais goûts, & dans l'ignorance de toute règle & de toute méthode.

Ces hommes à jamais illustres, ces prodiges dans tous les genres, les Corneilles, les Racines, les La Fontaines, les Dépreaux; si je les nommois tous, il faudroit, Messieurs, vous nommer vous-mêmes; n'est-ce pas à vous à qui nous les devons? tout disparus que sont ceux que je viens de citer, ils vivent encore pour nous, puisque leur esprit nous reste; nous les retrouvons dans leurs ouvrages, nous les retrouvons dans les vôtres, qui même en nous les conservant, les multiplient.

C'est là que l'Orateur apprend l'art d'attaquer &

de défendre ; que le Poëte trouve un modéle de ce désordre toûjours sage, de cet entousiasme toûjours raisonné, de ce sublime toûjours vrai qui doit régner dans sa Poësie ; c'est là que l'Historien va puiser cette simplicité mâle, simple & majestueuse qui doit accompagner ses récits ; c'est là que le Théologien même apprend à enseigner avec succès les véritez de la Foi, le Prédicateur à les faire aimer ; c'est là où nous prenons nous-mêmes cette finesse de goût, cet amour du beau, cette émulation de penser qui entretient parmi nous, qui même augmente l'élévation des esprits, & la dignité des sentimens, qui sont en effet les vrayes sources du courage, & les forces les plus intarissables d'un empire.

Pourquoi notre Langue a-t-elle passé dans presque toutes les Cours de l'Europe ; l'attribuerons-nous aux Conquêtes de LOUIS XIV. mais des ennemis humiliez ou vaincus, aiment-ils à parler la Langue de leur Vainqueur quand la nécessité de s'en servir est passée ? des Rois inquiets & jaloux la préférent-ils à la leur ? non, MESSIEURS, c'est leur raison qui a fait cet honneur à la nôtre ; c'est le plaisir de nous lire, de penser, & de sentir comme nous qui les a gagnez ; c'est ce génie, c'est cet ordre, c'est ce sublime, ce sont ces graces, ces lumiéres répandues dans vos Ouvrages, ou dans ceux de nos Ecrivains que vous avez inspirez, qui ont acquis cette espèce de triomphe à la Langue Françoise.

A de si grands effets d'un Etablissement comme le vôtre on reconnoît celui qui vous fonda, ils représentent le génie de ce grand Homme qui pensoit tant lui-même, qui fut lui-même une intelligence si distinguée sur la terre, & dont la vie a passé, mais dont la gloire & le ressouvenir ne passeront jamais, & dureront autant que le monde, autant que vous, & pour tout dire, autant que LOUIS XIV. qui voulut être votre Protecteur, pour unir son immortalité à la vôtre, qui vous fit l'objet de ses complaisances, qui vous donna son Palais pour asile, qui vous mit à l'abri de son Thrône dont il crut que vos fonctions augmenteroient encore la Majesté, qui vous a légué la protection de tous ses Successeurs, celle de son Petit-Fils, que nos cœurs choisiroient pour Maître, si c'étoit à nos cœurs à le choisir, qui vient tout récemment de faire éclater des preuves d'une bonté si rare & si bien assortie au caractère d'une Nation si généreuse elle-même, qui chérit tant ses Rois, & à qui ce Prince a donné, j'ose dire la joye de le voir soupirer & s'attendrir, en apprenant la mort d'un Ministre que nous perdons tous, & qu'en qualité de Confréres vous perdez, MESSIEURS, plus particulierement que les autres.

Il étoit le confident, le conseil & l'ami de son Maître ; il étoit l'ami de tous ses Sujets. Ministre d'un génie bien neuf & bien respectable ; Ministre sans faste & sans ostentation, dont les opérations les plus profondes & les plus dignes d'estime, n'avoient rien en apparence qui les distingua de ses actions les plus ordinaires ; qui ne les enveloppa jamais de cet air de mystére qui fait valoir le Ministre ; qui par là n'y oublia que lui, & qui à la maniére des Sages, songea bien plus à être utile qu'à être vanté. D'autres que moi font deſtinez à faire ſon éloge, & s'en acquitteront mieux: ſa perte, MESSIEURS, n'eſt pas la ſeule que vous avez faite; je me trouve aujourd'hui à la place d'un homme à qui je ſuccéde ſans le remplacer, & dont je ne puis parler qu'avec confuſion; ſon Livre de la Religion prouvée par les faits, eſt l'Ouvrage de la plus grande capacité d'eſprit, & de la piété la plus perſuaſive qui ait peut-être paru en ce genre; ce n'étoit qu'avec ces deux forces réunies enſemble qu'il pouvoit remplir ſon projet: il a confondu l'incrédulité des eſprits, il ne reſte plus que l'incrédulité de cœur qu'il n'appartient qu'à Dieu ſeul de vaincre.

Il ſeroit difficile d'imaginer un commerce plus doux qu'étoit le ſien; naturellement né modeſte, il ſembloit dans la converſation qu'il voulut vous dérober la ſupériorité de ſon eſprit; un grand Prince lui avoit confié le ſoin de ſes Livres, & l'aimoit: ſon éloge étoit fait, ſi je l'avois dit d'abord; c'étoit la vertu même qui s'intéreſſoit à lui; je puis hardiment m'exprimer ainſi ſur ce Prince ſans être accuſé de flaterie; le Public d'autant plus libre dans ſes opinions, qu'on peut dire de lui quand il s'explique que ce n'eſt perſonne qui parle, & que c'eſt tout le monde, ce Public qui dans un Prince ne voit jamais qu'un homme, eſt à cet égard là auſſi flateur que moi, ſi je le ſuis.

Je finis, MESSIEURS, par vous aſſûrer que ne pouvant jamais eſpérer de réparer votre perte, je ferai du moins tous mes efforts pour la diminuer.

RÉPONSE DE M. L'ARCHEVESQUE DE SENS, *aux Discours de* M. LE DUC DE NIVERNOIS *& de* M. DE MARIVAUX.

MESSIEURS,

Faut-il donc que nos jours de fête, soient en même-temps des jours de deuil? Faut-il toûjours dans la même Séance, & pour ainsi dire, au même instant, pleurer & nous réjouir, semer des fleurs & répandre des larmes, unir les chants de joie que nous devons à nos nouveaux Confréres, aux lugubres regrets qui paroissent dus à ceux que la mort nous a enlevé? Ce contraste de sentimens, ce mélange, presque bisarre, de pleurs & d'applaudissemens, ne feroit-il pas penser, ou que notre joie est frivole, si nos regrets sont véritables; ou que nos regrets ne sont que de cérémonies, si notre joie est sincère?

L'erreur, s'il y en a en ceci, vient, ce me semble, de la fausse idée qu'on se forme de la mort de nos Confréres, qui enlevez à ce monde après une carriére glorieuse, n'ont payé à la nature le tribut nécessaire, qu'après avoir acquis cette portion d'Immortalité qui est düe aux Hommes rares. Quoi donc, leur mort nous appauvrit-elle, après que leurs talens nous ont enrichis ? Elle n'a enlevé que la plus vile portion de leur être : leur esprit nous reste tout entier avec leurs ouvrages ; ils forment ce fond de richesses qu'ils ont accru successivement, & dont nous sommes les dépositaires : & en cedant la place à d'autres qui leur survivent, ils leur présentent le moyen de nous enrichir encore.

Qu'avons-nous perdu, en effet, par l'absence de tant de grands Hommes qui nous ont précédés ? Ils ne sont pas morts pour nous. Leur nom, leur gloire, leurs Ecrits sont à nous, & les font, pour ainsi dire, revivre parmi nous. Ils nous parlent ; ils nous excitent ; ils nous critiquent même ; ils nous servent de maîtres, de guides, de modéles : Voiture nous entretient encore dans ses Lettres, & Corneille nous instruit dans ses Tragédies : Patru règle l'Eloquence du Barreau, & Bossuet celle de la Théologie. Balzac nous enseigne l'Eloquence sublime, & la Fontaine la Poësie naturelle & coulante. Boileau, Moliere, la Bruyere, critiquent encore aujourd'hui les mœurs, & en démasquent le ridicule. Ils sont avec nous, ces Hommes rares ; les uns nous amusent, & les autres nous instruisent, nous animent & nous encouragent. Chacun d'eux peut dire avec Horace,

<small>Non omnis moriar, unaquaque pars mei, vitiavit libitinam. Horat.</small> *Je ne suis pas mort tout entier, ce qu'il y avoit de meilleur en moi m'a survécu, & est resté avec vous.*

Me trompai-je, MESSIEURS, dans cette idée ? En tout cas, si c'est un Paradoxe, il est flatteur, & pour nous & pour ceux qui ne sont plus : même

tout

tout Paradoxe qu'il puiſſe être, il n'eſt pas deſtitué de preuve. Je n'en veux d'autre, que cette multitude d'Hommes de Lettres, qui reçus depuis un ſiécle à l'Académie, ſont venus l'un après l'autre, dépoſer dans ſes tréſors, les richeſſes qu'ils avoient acquiſes par leur travail. Ce ſont des Vaiſſeaux qui arrivent ſucceſſivement du Midi & du Nord, de la Perſe & des Indes, apportant chaque année de nouvelles richeſſes à une Compagnie qui ſubſiſte toûjours au milieu de la viciſſitude des temps. Ce ſont des fleurs qui ornent l'une après l'autre un agréable parterre, & qui changeant à chaque ſaiſon, laiſſent par leur germe ou leur racine, de quoi le décorer de nouveau dans un autre printemps, & reſſuſciter des beautés qui ſembloient péries. Réduiſez l'Académie Françoiſe à ce petit nombre dont elle fut formée d'abord : que ces quarante amis des Muſes ayent été réellement immortels, comme le ſera leur nom, l'Académie ne ſeroit-elle pas privée de toutes ces richeſſes que lui ont apporté d'âge en âge, ceux qui les ont remplacez ? Auriez-vous eu un Abbé Renier, un Lamonnoye, ſi La Chambre ne leur eut cédé la place ? Fenelon a remplacé Peliſſon, & Scuderi, Vaugelas : Sans la mort de Balzac, de Beautru, de Voiture, du Marquis de Racan, vous ne compteriez pas au nombre de vos Ancêtres Académiques, les Boileau, les Bainzerade, les Mezeray, les Fléchier, les Racine, les Dacier, & tant d'autres, qui vous ayant cédé la place à leur tour, rendent l'Académie brillante aujourd'hui, & par le gé-

C

nie de ceux qui la compofent, & par la mémoire de ceux qui les ont précédés. En un mot, plus de deux cens perfonnes illuftres, qui depuis un fiécle nous enrichiffent de leurs talens & de leurs productions, nous fourniffent une abondance de tréfors Litteraires, qui donne au moins lieu de douter, fi la durée immortelle des Quarante premiers Académiciens eut été plus glorieufe à l'Académie & plus utile aux belles Lettres.

J'avoue cependant, MESSIEURS, qu'il y a des perfonnages, dont la mort prématurée mérite des regrets. Telle a été celle de M. l'Abbé Houtteville, dont la vie trop tôt abrégée, nous a enlevé les efpérances que nous avions conçües de fes talens & de fa noble maniére d'écrire & de parler. Qu'il eût bien mieux que moi, rempli aujourd'hui cette Séance ! & que vous euffiez eu de plaifir à l'entendre, comme vous l'entendites il y a quelques années ; lorfqu'à la Réception d'un de vos Confréres, il prononça l'Eloge du Maréchal de Villars, avec une éloquence digne d'une fi belle matiére ; & en faifant admirer le Héros qu'il célébroit, il fe fit admirer lui-même.

Il eft trifte que de fi beaux talens ayent été fi-tôt éteints dans la nuit du tombeau ; & que celui qui les poffédoit, ait fubi dans la force de l'âge, le fort qui appartenoit à la vieilleffe. Seroit-ce, parce qu'*en peu d'années il avoit déja*, comme dit l'Ecriture, *réuni la Science & les lumiéres d'un âge confommé ?* En effet, fon Traité de *la Religion prouvée par les faits*,

Confummatus in brevi, &c. Sap. 4.

perfectionné dans une seconde Edition, suffisoit pour immortaliser son nom. Ouvrage trop beau pour n'être pas critiqué ; trop convainquant pour n'être pas en butte aux incrédules ; trop solide & trop éloquent pour n'être pas éternellement prétieux à ceux qui aiment la Religion & ses Défenseurs.

Quant à ceux qui ont prolongé leurs jours jusqu'à cet âge, *par de-là lequel il n'y a plus que douleur & langueur*, s'ils meurent pour le monde, ils vivent encore pour nous. Tel sera le sort de cet Illustre Cardinal, dont vous avez, MONSIEUR, célébré si éloquemment la gloire immortelle. C'est à la France entiére à pleurer sa mort. L'Académie qu'il a aimée, qu'il a protégée, qu'il a ornée, fera vivre à jamais son Nom & son souvenir.

Psal. 89.

M. LE CARDINAL DE FLEURY.

Il en sera de même de M. l'Evêque de Clermont. Puisqu'il a si bien & si saintement fourni une longue carriére, avons-nous autre chose que des fleurs à répandre sur son tombeau, & des applaudissemens à donner à sa mémoire ? La mort d'un saint Evêque est aux yeux de la Foi, le jour de son bonheur & celui de sa gloire. Cette mort *précieuse aux yeux de Dieu*, doit l'être aussi aux yeux des hommes : & de même que dans les fastes Ecclésiastiques, le jour du martyr des Saints, est nommé celui de leur naissance, par rapport à la vie triomphante qu'ils trouvent dans le sein de Dieu ; de même le dernier jour de la vie d'un Evêque, victime de ses travaux & de sa charité, peut être honoré du même nom ; puisque ce jour, cet heureux jour, est celui où il

C ij

est recompensé par cette vie nouvelle qui ne finira plus.

M. l'Evêque de Clermont jouira cependant sur la terre d'une autre espèce d'immortalité, moins brillante pour lui, mais plus utile pour nous ; puisqu'il ne cessera de nous instruire par ces discours éloquents, qui ont été si long-temps admirez à la Cour & à la Ville. Ne vous semblent-il pas le voir encore dans nos Chaires avec cet air simple, ce maintien modeste, ces yeux humblement baissez, ce geste négligé, ce ton affectueux, cette contenance d'un homme pénétré, portant dans les esprits les plus brillantes lumiéres, & dans les cœurs, les mouvemens les plus tendres ? Il ne tonnoit pas dans la Chaire ; il n'épouvantoit pas l'auditeur par la force de ses mouvemens & l'éclat de sa voix. Non : mais par sa douce persuasion, il versoit en eux, comme naturellement, ces sentimens qui attendrissent & qui se manifestent par les larmes & le silence. Ce n'étoit pas des fleurs étudiées, recherchées, affectées ; non : les fleurs naissoient sous ses pas sans qu'il les cherchât, presque sans qu'il les apperçût : elles étoient si simples, si naturelles, qu'elles sembloient lui échapper contre son gré, & n'entrer pour rien dans son action. L'auditeur ne s'en appercevoit que par cet enchantement qui le ravissoit à lui-même. Tel fut le caractère propre de l'Eloquence du P. Massillon; aussi-tôt couru, qu'arrivé de sa Province : aussi-tôt admiré qu'entendu : aussi-tôt enlevé pour la Cour, qu'il fut connu à la Ville. Les applaudissemens réitérez & continuels de l'une & de l'autre ne le firent point fortir de ce caractère de modeftie, de douceur, de fimplicité, qui étoit le fien propre ; modeftie qu'il a confervée au milieu des applaudiffemens les plus flatteurs, & qui ne l'a point quitté dans les honneurs de l'Epifcopat ; modeftie véritable, plus précieufe que les talens, & peut-être plus rare.

Oubliera-t-on jamais ce dernier Carême qu'il prêcha à la Cour, où dans des Sermons mefurés fur l'âge & la portée d'un Roi enfant, il s'appetiffoit, pour ainfi dire, en faveur du Prince, fans ceffer d'être grand, d'être inftructif, d'être touchant pour le Courtifan. Il verfoit alors dans le cœur du jeune Roi, ces précieufes femences de Religion, que l'âge n'a point fait oublier, que l'éclat du Trône n'a point effacées ; tandis qu'un autre Maître formoit ce même cœur aux nobles fentimens de bonté, d'humanité, d'amitié, dont il a recueilli lui-même à fa mort, les marques les plus tendres.

Ce n'eft pas un fimple fouvenir qui nous refte de l'Eloquent Prélat ; ce feront fes Sermons mêmes, qui augmenteront nos tréfors, & qui ferviront à jamais de modèle aux Orateurs Chrétiens. Déja le Public avide lui en avoit dérobé une partie : J'apprens qu'il en a préparé une Edition plus fidéle. Quelle richeffe pour l'avenir ! Quel modele, propre à fixer dans de juftes bornes l'Eloquence Chrétienne, & à la garantir de ce fatras favant, de ce patétique ampoulé ; difons-le hardiment ; de ces devotes puérilitez, qui avant la naiffance de l'Académie corrompoient nos Chaires, & féduifoient la plûpart de nos Prédicateurs.

<small>M. LE DUC DE NIVERNOIS.</small> C'eſt à ce grand homme que vous ſuccédez, MONSIEUR; & vous apportez à la Société qui vous adopte en ſon lieu, d'autres talens qui nous ſont précieux. Vous venez nous enrichir de ce que la Nobleſſe du Sang inſpire de politeſſe, de ce que l'Art Militaire donne de gloire, de ce que l'Etude des belles Lettres procure de goût & d'agrément. Car tout livré que vous êtes aux travaux de Mars, vous avez trouvé le loiſir de faire votre cour aux Muſes, & vous êtes devenu un de leurs favoris. A un âge où ordinairement dégouté des Etudes par les Etudes mêmes, on n'en ſort que pour les oublier, & peut-être les mépriſer; vous vous êtes appliqué à les perfectionner en vous, par une lecture aſſidue des meilleurs Auteurs: & bientôt après avoir été leur diſciple, vous vous êtes trouvé en état de devenir en quelque façon leur juge. Je parle de ce beau Parallèle que vous avez tracé entre Horace & les plus célébres de nos Poëtes François. Vous les avez caractériſez tous, & leur avez donné à chacun, avec la juſteſſe d'un diſcernement mûr, la meſure de louange & de critique qui leur appartenoit. Il feroit à ſouhaiter, au jugement des connoiſſeurs, que ce morceau parût au grand jour. Votre modeſtie le cache, & ne le produit à vos amis qu'à titre de conſultation. Mais ſongez que devenu Membre de cette Société, où les richeſſes de l'Eſprit & le fruit des talens deviennent entre nous un bien commun, vous

en êtes redevable à vos Confréres, auſſi diſpoſez à recevoir de vous de nouvelles lumiéres, que capables de vous en procurer.

Au reſte, cette application aux belles Lettres, eſt d'autant plus eſtimable en vous, MONSIEUR, que d'une part vous ſavez l'allier parfaitement avec les devoirs de votre état, & que vous ſuivez Apollon, ſans manquer à ce que Mars attend de vous : & de l'autre, que ce gout n'eſt pas commun parmi notre jeune Nobleſſe. Combien y en a-t-il, dont la vie oiſive n'a d'occupation que des amuſemens ? n'a de ſérieux que pour de folles paſſions ? n'y en a-t-il pas même dont le mérite eſt borné au courage ? Courage beaucoup vanté, rarement exercé, & quelquefois démenti.

Votre zéle pour le ſervice Militaire, ſort d'une épreuve bien glorieuſe, & à vous, & à toute la Nation. Vous avez eu part à cette marche célébre, où l'on a vû une armée entiére voler, pour ainſi dire, des Frontiéres de ce Royaume juſques vers les rives de l'Elbe & du Danube ; & par la ſeule terreur de ſa marche, purger la Baviere des Brigands qui la déſoloient ; & délivrer des troupes, qui avec un courage & une patience Héroïque, ſoutenoient tout l'effort de la puiſſance Autrichienne. Ce n'étoit pas des hommes que cette Armée rapide a eu à combattre ; c'étoit mille obſtacles plus difficiles à vaincre que des bataillons. La diſette, la fatigue, la faim, la ſtérilité, les rigueurs des ſaiſons, tout conſpiroit à traverſer la gloire de nos Illuſtres guerriers, & tout a servi à l'établir. Il ne fera plus quéstion désormais de reprocher à notre Nation sa légereté prétendue, & son inconstance. On lui accordoit bien la gloire de la hardiesse & du courage dans les attaques ; mais on lui disputoit celle de la constance pour soutenir, pour attendre, pour supporter une longue contrainte. Deux Armées entiéres ont concouru à prouver par une patience plus Héroïque que les Victoires, de quoi le François étoit capable en tout genre de courage : elles l'ont montré à cent Nations, dont les noms lui étoient presque inconnus ; & les flots du Moldau & de l'Elbe en ont porté la nouvelle jusques dans les Mers du Nord.

Outre ces ennemis communs, vous en avez eu d'autres à combattre vous seul ; la fiévre, la langueur, l'épuisement d'une santé délicate. Votre ame trop grande pour un corps si foible, sembloit impatiente de s'y trouver resserrée, & elle paroissoit sur le point de s'en séparer avec dépit. Qui l'auroit crû, que dans l'extrémité où vous étiez réduit, il couloit alors de votre plume, comme naturellement, des vers délicats & sublimes ?

Le talent de la Poësie n'est pas nouveau dans votre Maison. Dans ma jeunesse, j'entendois parler avec éloge de M. le Duc de Nevers votre Ayeul, dont les vers coulans & naturels faisoient les délices de la Cour. Quoi donc, l'Esprit Poëtique entre-t-il dans les successions ? & les enfans héritent-ils de cet art gracieux comme ils héritent des terres & des titres d'honneur de leurs Ancêtres ? C'est une

de

de ces merveilles que la nature fait rarement, mais qu'elle a fait en votre faveur. C'eſt encore ici, Monsieur, une trahiſon que je vais faire à votre modeſtie ; mais je ne puis la refuſer au plaiſir que j'ai eu de vous entendre réciter cette aimable Poëſie, dans laquelle vous décrivez ſi naturellement le triſte état où la langueur vous avoit réduit, & où vous aſſortiſſez ſi bien la variété des images, la naïveté des ſentimens, la nobleſſe des expreſſions, à la modeſte ſimplicité de la vertu.

Voilà ce qui regarde vos talens, Monsieur, & les graces de votre eſprit. C'eſt beaucoup ; mais c'eſt peu en comparaiſon du cœur & des vertus qui en forment le caractère. L'Académie en fait encore plus de cas que des talens ; & vous avez plus mérité ſon choix par cet endroit que par aucun autre. Quand je parle du cœur, je ne parle pas ſeulement de ce courage qui vous anime. Pour un François, pour un Homme de Qualité, ce n'eſt preſque pas une vertu ; c'eſt ſon état, c'eſt ſa nature, c'eſt pour ainſi dire, ſon eſſence. Je parle d'un cœur qui ſent l'amitié, & qui en connoît le mérite ; qui poſſede les dignitez ſans dedain, les richeſſes ſans attachement, les talens ſans orgueil ; ſur-tout qui fait compatir aux beſoins de ſes amis, les prévenir, les ſecourir à propos. Je trace en trois mots votre portrait, & je fais des faits de votre généroſité qui le peignent encore mieux. Votre modeſtie voudroit les cacher ; mais vos amis qui les ont éprouvez, ne les laiſſent pas ignorer.

D

Tous ces divers mérites juſtifient notre choix, Monsieur, aux yeux de ceux qui à cauſe de votre âge voudroient peut-être le critiquer. Quand avant trente ans on réunit tant de talens, tant de ſageſſe & tant de lumiéres, on eſt avant trente ans digne d'être admis parmi les Maîtres. Si la ſageſſe, ſi les vertus ſont prématurées, il eſt juſte que la couronne le ſoit auſſi. L'Académie en vous adoptant ſi jeune, non ſeulement s'aſſûre une plus longue jouiſſance de vos talens, mais elle donne en votre perſonne un exemple propre à reveiller dans notre jeune Nobleſſe le goût des belles Lettres, qui ſemble s'y éteindre peu à peu; c'eſt ce qui nous fait craindre pour l'avenir, un temps où la Nobleſſe ne ſe diſtinguera plus du commun des hommes, que par une férocité Martiale, qui en ſoutenant la gloire des armes, perdra celle de la politeſſe : & qui ramenera ces ſiècles barbares où la Nation fourniſſoit des Achilles, mais elle manquoit d'Homeres ; & où les faits les plus dignes de mémoire, n'avoient que des Vers groſſiers ou un Latin miſérable, pour être tranſmis à la Poſtérité.

M. DE MA-
RIVAUX.

Pour vous, Monsieur, quoique vous ayez acquis la place que vous venez occuper parmi nous par une multitude d'Ouvrages que le Public a lû avec avidité; ce n'eſt point tant à eux que vous devez notre choix, qu'à l'eſtime que nous avons fait de vos mœurs, de votre bon cœur, de la douceur de votre ſociété, & ſi j'oſe le dire, de l'*amabilité* de votre caractère. Voilà ce que vos amis ont connu en vous, & ce qu'ils ont peint à ceux qui ne vous connoiſſoient pas encore. C'eſt là ce qui concilie nos ſuffrages plus efficacement, que les Ecrits brillants & les Diſſertations ſavantes. Combien de perſonnages dont le Public a vanté la Poëſie, & dont l'Académie a craint ou la langue, ou l'humeur, ou l'irréligion, & qu'elle a exclut de l'eſpérance d'y être aſſociez?

Par une raiſon contraire, elle s'eſt empreſſée de vous choiſir, & elle aime en vous d'avance ce caractère liant, affable, ſociable, obligeant, d'un cœur ſans vanité, ſans humeur, ſans ces petiteſſes dont l'amour propre ſe pare & ſe nourrit, tandis qu'il offenſe & qu'il révolte celui des autres. On diroit que cet amour propre, ſi commun parmi les hommes, & qui eſt en eux comme une ſeconde nature, ne vous ait pas été connu.

Que dis-je? il ne vous eſt pas connu. Vous le connoiſſez ſi bien, que dans vos feuilles Philoſophiques vous en avez dépeint tous les traits, creuſé toutes les ſubtilitez, démaſqué toutes les adreſſes: vous l'avez pourſuivi juſques dans ſes retranchemens les plus cachez, la fauſſe humilité, la modeſtie hypocrite, & la faſtueuſe ſincerité.

Ce n'eſt pas là le ſeul vice de l'homme que vous avez pourſuivi. Theophraſte moderne, rien n'a échappé à vos portraits critiques. L'orgueil du courtiſan, l'impertinence des petits maîtres, la coquetterie des femmes, la petulance de la jeuneſſe, la ſotte gravité des importants, la fourberie des faux dévots:

tout a trouvé en vous un Peintre fidèle & un Cenſeur éclairé. Tantôt ſous l'écorce d'une parabole, tantôt ſous les avantures d'un Roman, vous avez dévoilé les paſſions malignes & intéreſſées qui dévorent le cœur de la plûpart des hommes, & qui rendent leur Société toute polie qu'elle eſt, plus dangereuſe que les forêts où les tigres habitent, & où les voleurs exercent leurs brigandages. Ceux qui ont lû vos Ouvrages, racontent que vous avez peint ſous diverſes images la licence immodeſte des mœurs, l'infidélité des amis, les ruſes des ambitieux, la miſere des avares, l'ingratitude des enfans, la biſarre auſterité des peres, la trahiſon des Grands, l'inhumanité des riches, le libertinage des pauvres, le faſte frivole des gens de fortune : Que tous les états, tous les ſexes, tous les âges, toutes les conditions, ont trouvé dans vos peintures le tableau fidèle de leurs défauts, & la critique de leurs vices : Que creuſant plus avant dans le cœur humain, vous en avez tiré au grand jour les vertus hypocrites, & ce fond d'orgueil & de vanité qui enveloppe & cache les vices de ceux que le monde trompé appelle de grands Hommes, & qui ſouvent ſont au fond de vrais monſtres. Le célèbre La Bruyere paroît, dit-on, reſſuſciter en Vous, & retracer ſous votre pinceau ces portraits trop reſſemblans, qui ont autrefois démaſqué tant de perſonnages & déconcerté leur vanité.

Voilà (m'a-t'on dit) ce qui ſe trouve répandu dans cette foule d'Ecrits, de Romans, de Pièces de Théâtre, de brochures amufantes que vous avez donnez au Public avec une prodigieufe fécondité. C'eft dans ces pièces diverfes que vous avez femé à pleine main cette vivacité, ce brillant qui vous eft propre ; chaque phrafe, chaque mot quelquefois, eft une penfée. Les expreffions figurées, les métaphores hardies, coulent naturellement de votre plume. Elles font employées fouvent avec fuccès, quelquefois hafardées auffi avec un peu trop de confiance. Car vos nouveaux Confreres en approuvant ce qu'il y a de beau dans votre ftyle, veulent que j'y ajoûte cette legere Critique, dans la crainte que ceux qui fous nos aufpices afpirent à la perfection, ne s'autorifent de votre exemple & de fon fuffrage, pour copier d'après vous quelques expreffions & quelques métaphores, que votre génie fertile vous a fait rifquer. Ce brillant même de votre efprit & le feu de votre imagination qu'on trouve, dit-on, prodigué dans vos portraits, vous attire encore une critique ; mais le beau défaut de montrer trop d'efprit ! Ceux dont la morale eft ennuyeufe à force d'être raifonnable, en vous dérobant une partie des graces de votre ftyle pour s'en orner, vous en laifferoient encore affez pour plaire à vos Lecteurs.

Mais vous avez avec les gens de bien une querelle bien plus importante. Je n'ai pas affez lû vos Ouvrages, pour y voir tout ce qu'on y trouve d'amufant & d'intéreffant ; mais dans le peu que j'en ai parcouru, j'y ai reconnu bien-tôt que la lecture de ces agréables Romans ne convenoit pas à l'auftere Dignité dont je suis revêtu, & à la pureté des idées que la Religion me prescrit. Réduit à m'en rapporter aux lectures d'autrui, j'ai appris qu'on y voyoit par-tout la fécondité de votre imagination, son feu, son agrément, sa vivacité; j'ai appris même que vous paroissiez vous proposer pour terme, une morale sage & ennemie du vice; mais qu'en chemin vous vous arrêtiez souvent à des avantures tendres & passionnées: Que tandis que vous voulez combattre l'amour licentieux, vous le peignez avec des couleurs si naïves & si tendres, qu'elles doivent faire sur le Lecteur une impression, toute autre que celle que vous vous proposez; & qu'à force d'être naturelles, elles deviennent séduisantes. La peinture trop naïve des foiblesses humaines, est plus propre à réveiller la passion qu'à l'éteindre: de quelque précepte qu'on l'assaisonne, un jeune homme y prendra plus de goût pour le vice, que vos morales ne lui en inspireront pour la vertu; & votre *Paysan parvenu* à la fortune par des intrigues galantes, aura beau prêcher la modestie & la retenüe qu'il n'a pas pratiquée; il aura beau exagerer les périls de l'amour & ses suites funestes; il trouvera plus de gens disposez à copier ses intrigues, que de ceux qui voudront bien profiter de ses leçons.

Voilà ce qu'on dit de vos brillants Ouvrages parmi les gens sagement scrupuleux, & sur leur recit j'ai fait cette réfléxion. Vous qui connoissez si bien le cœur de l'homme, qui en avez développé cent fois tous les replis, comment avez-vous pû ignorer fa foibleſſe ? Les peintures vives de l'amour profane qu'on employe pour en garantir le cœur humain, ſuffiſent ſouvent pour l'y faire germer & y porter des impreſſions funeſtes, que la plus ſage morale n'efface point. Eh mon Dieu ! n'approchons pas tant d'un précipice où ſont tombez tant de gens qui croyoient avoir le pied ferme. Quand on meſure de ſi près les profondeurs de cet abîme, dont les bords ſont gliſſans, on eſt en danger de s'y perdre. Vous avez beau avertir les hommes du péril auquel vous les expoſez vous-même ; le penchant naturel de leur cœur les y entraînera malgré vous, malgré vos morales, & pour ainſi dire, malgré eux-mêmes.

J'ai rendu juſtice, MONSIEUR, à la beauté de votre génie, à ſa fécondité, à ſes agrémens : rendez-là, je vous prie, de votre part au Miniſtere ſaint dont je ſuis chargé; & en ſa faveur, pardonnez-moi une critique qui ne déroge point, ni à ce qui eſt dû d'eſtime à votre aimable caractère, ni à ce qui eſt dû d'éloge à la multitude, à la variété, à la gentilleſſe de vos Ouvrages.

www.ingramcontent.com/pod-product-compliance
Lightning Source LLC
Chambersburg PA
CBHW060611050426
42451CB00012B/2201